AF465649

HOMMAGE

DE

MICHEL-JEAN-FRANÇOIS OZERAY,

A la majorité de ses Concitoyens.

A LA MÉMOIRE

DE PARDESSUS

L'UN DES FONDATEURS DE L'ÉCOLE DES CHARTRES.

Ses souvenirs lui rappelaient, comme les miens me rappellent, à cette école de Vendôme qui, en 1780, nous inspira dans notre plus tendre jeunesse, l'amour de l'Histoire de France, distinguée entre toutes les nations qui habitent les deux hémisphères.

OZERAY.

PRÉCIS

SUR L'HISTOIRE

DE L'ÉGLISE DE

NOTRE-DAME DE CHARTRES

DEPUIS SON ORIGINE JUSQU'A NOS JOURS,

SUIVI

DE L'APPRÉCIATION de L'HISTOIRE de CHARTRES

PAR M. DE LÉPINOIS,

et

D'UN COUP-D'ŒIL SUR LE RÉGIME FÉODAL,

PAR

MICHEL-JEAN-FRANÇOIS CZERAY,

DE LA SOCIÉTÉ D'HISTOIRE DE FRANCE, MEMBRE CORRESPONDANT DE L'ACADÉMIE DE REIMS, ET DES SOCIÉTÉS ARCHÉOLOGIQUES DE LA PROVINCE DE LUXEMBOURG (BELGIQUE) ET DE CHARTRES OU DU DÉPARTEMENT D'EURE-ET-LOIR,

Auteur des Recherches sur Buddou (Bouddha), instituteur religieux de l'Asie orientale, de l'Histoire de l'ancien Duché de Bouillon, de l'Histoire générale civile et religieuse de la Cité des Carnutes et du Pays Chartrain, et de l'Histoire des doctrines religieuses des Peuples qui se groupèrent autour du bassin de la Méditerranée.

1856.
1857

Sedan — Typ. Laroche-Jacob.

PRÉFACE.

J'avoue franchement qu'au milieu d'une foule de documents recueillis de toutes parts, celui sur l'incendie qui réduisit en cendres l'église commencée par Fulbert, ne m'était pas connu. J'avais laissé cette église continuer ses phases diverses d'existence ou de ruine, sans m'occuper de ce qu'elle deviendrait.

Mon histoire fut publiée pendant les années 1834 et 1836. En 1848, il s'éleva à Chartres une discussion que je connus sur l'époque de la reconstruction de l'église qui devait avoir succédé à l'ancienne.

Loin de mon pays je n'avais pu prendre part à cette discussion; je voulus seulement connaître ce dont il s'agissait. Je n'avais d'autre impulsion que celle de la curiosité sur un fait historique parce qu'il concernait notre patrie. J'obtins des renseignements par mes correspondants littéraires, MM. Duchesne, archiviste de la société d'histoire de France, et le baron de Stassort, membre distingué de l'académie de Belgique; renseignements parfaitement semblables : ma curiosité fut satisfaite.

Plus tard, l'opinion publique se prononça sur la re- 1853.
construction de l'église en 1194 et l'origine du monu-

ment qui fait la gloire de Chartres. Elle se manifesta
1856. plus encore par le supplément au *Livre des miracles de Notre-Dame de Chartres*. J'étais content de placer ce livre parmi ceux de ma bibliothèque. Le moment de m'occuper de la discussion approchait.

Je venais alors de recevoir de la part de la Société d'histoire de France le cinquième volume de l'histoire d'Oldric Vital, je le lus avec avidité et j'y découvris l'époque certaine de l'incendie de l'église de Fulbert pour celle de la réédification, à la date de 1194, je possédais des documents inédits jusqu'alors. J'en donne connaissance à mes concitoyens.

Je saisis l'occasion de publier un précis historique de la cathédrale, travail auquel on peut donner plus d'étendue. L'archéologie générale et l'histoire de l'église universelle me sont venues en aide.

Cet opuscule est suivi d'un autre sur l'histoire de Chartres par M. de Lépinois. Je réponds à un critique qui est pour moi on ne peut plus sévère. Je lui dirai qu'il est venu bien tard pour écrire l'histoire de l'aristocratie féodale sans correctifs. Je dois me défendre dans l'intérêt de l'histoire même. Plusieurs de mes concitoyens m'applaudiront : c'est la seule récompense que je réclame.

PRÉCIS

sur l'Histoire de l'Eglise de

NOTRE-DAME DE CHARTRES

DEPUIS SON ORIGINE JUSQU'A NOS JOURS.

CHAPITRE Ier.

Premier âge chrétien, celui des persécutions. Il dure trois cents ans. Les grottes, comme la nôtre, les lieux solitaires des montagnes et des forêts donnent des retraites sûres pour les assemblées religieuses des prédicateurs de l'évangile et des adhérents à l'église chartraine.

A la religion des Druides, culte grossier et barbare connu par des sacrifices humains, à celle des Romains, culte simple et d'un paganisme sans vive expression, enrichi d'ailleurs des dieux du riant polythéisme des Grecs, succède enfin le christianisme dans les Gaules Romaines. Quoiqu'il fût destiné par son divin auteur à réformer la religion, les mœurs, les lois mêmes, ses premiers jours ne furent pas des jours tranquilles.

C'est au plus beau siècle de la civilisation romaine qu'il se présenta à la terre avec son Dieu créateur, ses prophètes, ses miracles, sa morale austère. On ne le vit pas d'abord sous un aspect digne de lui; il ne fut pas d'abord pour le monde la lumière qui devait éclairer les hommes. Néron ne voulut voir dans les chrétiens que des magiciens. Mais le magistrat Pline le jeune semblait comme appelé par la Providence à combattre le premier les préventions, An 45 de J.-C.
à donner une idée meilleure des chrétiens, déclara à Trajan que leur société était innocente, qu'ils formaient

une réunion fraternelle et célébraient leurs assemblées par des banquets silencieux en mémoire des souvenirs qui leur étaient chers (1). Les préventions durèrent encore plus de deux siècles.

Je ne répéterai point ici ce que j'ai dit dans mon histoire sur les premiers jours du christianisme dans le pays chartrain (2).

L'ouverture de la grotte qui servit à Chartres d'église aux premiers chrétiens porte depuis des siècles cette inscription : *Virgini pariturœ*. Je la crois l'œuvre d'un chrétien à quelque époque que ce soit. On voyait dans la Gaule Romaine des inscriptions sur tous les monuments publics (3). Voilà une conjecture qui m'est propre, certes elle est plausible. La bonne méthode n'interdit pas une conjecture, quand elle a un degré de probabilité; au contraire, en combinant hypothèse sur hypothèse, les chances d'erreur se multiplient et les chances de vérité diminuent. Cette conjecture est confirmée au symbole de foi des chrétiens placé au-dessus de l'autel, la croix sur laquelle expira le Sauveur du monde.

CHAPITRE II.

Liberté donnée aux églises par l'empereur Constantin. L'église, sous l'invocation de Notre-Dame-de-Chartres, consacrée à Dieu par nos premiers pères chrétiens, est imitée des basiliques du commerce dans tout l'empire romain. Epoque de Constantin Charlemagne. 306 à 768, laps de 462 ans.

On conçoit bien que, dans ce jour de bonheur, chacun

(1) Bullet, Histoire de l'établissement du christianisme, in-8, p. 8, 9, 10. —(2) Histoire de la cité des Carnutes, etc., t. p. 27, 66 et t. 2, p. 268, 269. — (3) C'est une inscription monumentale sur le texte d'Isaïe. *Virgo concipiet et pariet filium*. Chap. VII, v. 14.

se fit des temples à sa manière; mais le plus beau modèle est celui des basiliques du commerce. Dans une ville principale des Gaules, non loin de la résidence du souverain pontife de la religion des Druides ou de Dreux, les empereurs chrétiens construisirent, sans doute, une église de premier ordre sur un modèle suivi à Rome pour des siècles et à Constantinople jusqu'à Justinien.

Voici le plan qu'en offrent les historiens. L'intérieur de l'église principale de la cité était divisé par trois rangs de colonnes en trois parties inégales.Le peuple, qui assistait aux offices, se plaçait à droite et à gauche et à l'extrémité jusqu'à la porte principale d'entrée. Au fond de l'abside était l'évêque ou le prêtre officiant à la place du juge qui prononçait les sentences. L'autel était établi devant lui. Le prêtre à l'autel était tourné du côté du peuple. Le sanctuaire ou le *Presbiterium* au-devant de l'autel occupait un espace qu'on a désigné sous le nom de chœur et où était placé le clergé.

L'autel était une table de marbre ou d'autre pierre peu commune, selon l'occurrence des lieux ; il était appuyé sur quatre petites colonnes d'un travail plus ou moins recherché; aux angles il existait des colonnes propres à soutenir un dais, et entre ces colonnes des rideaux d'étoffes d'une valeur première.

Au milieu de ce tabernacle était ordinairement suspendue une colombe d'or ou d'argent dans laquelle était l'eucharistie mise en réserve pour les malades. Toute la construction du dedans du temple comme du dehors portait les marques d'une grande sobriété d'ornements. Les murailles étaient percées de nombreuses fenêtres ceintrées qui donnaient à l'intérieur une abondante lumière. Le ceintre du toit était le plus souvent formé de briques (1).

On commença en Orient, au quatrième siècle, à orner les églises avec des peintures à la fresque (2). Ce pieux usage se communiqua à l'Occident. La croix au-dessus de l'autel ou au fond de l'abside était le premier symbole

(1) Bourassé, Archéologie chrétienne, in-8, 1842, p. 91-95.

(2) Didron, Manuel d'iconographie, in-8, p. 345,346.

chrétien. Quelques faits tirés de l'histoire de l'ancien et du nouveau Testament rappelaient aux chrétiens le fondement de leur foi. La vénération pour les images peintes naquit de cette animation donnée aux murs par ces représentations.

622 C'est en Orient que la profanation de ces signes révérés commença. Mahomet avait inspiré une horreur profonde pour l'idolâtrie; recevant la soumission des chrétiens il leur accorda la tolérance à cause de leur loi
717 écrite. Mais au bout d'un siècle, Léon III, dit d'Isaurie, soldat parvenu à l'empire, se prit un jour d'une haine
726 prononcée contre les images, haine que les Mahométans lui avaient inspirée, ordonna de les brûler. Le désir de les conserver coûta la vie aux plus zélés des orthodoxes (1).

785 Le deuxième concile de Nicée fut convoqué à ce sujet (2). Le territoire de l'empire en Orient et en Occident avait été partagé par les possessions des Mahométans dans la Méditerranée. Les communications interceptées de nouveau se rouvrirent sous Charlemagne, et le culte des images reçut en Occident tout le respect voulu, une sage explication et une confirmation absolue.

On conçoit bien que l'histoire de notre église est un peu stérile à cette époque. J'ai cependant quelques faits à expliquer. Je prie le lecteur de ne pas les oublier. Rome permit, vers le milieu du huitième siècle, un peu avant Charlemagne, de célébrer chaque jour une seconde messe. C'était contre l'usage ancien d'un seul service et d'une seule communion. Elle permit encore, vers le même temps et encore contre le rite de tous les lieux et de tous les siècles, de représenter le Christ, la Ste Vierge et des saints, sous les formes plus sensibles des statues produites par le travail des sculpteurs en bois, en pierre et même en fonte des divers métaux. Ces deux rites nouveaux furent

(1) Histoire des Révolutions de l'Empire de Constantinople, par M. de Burigny, in-12, t. 1, p. 345, 346.

(2) Non est imaginum structura pictorum inventio, sed ecclesiæ catholicæ probata legislatio et traditio Namquod vetustate excellet venerandum est (Labbe. Conc. tome VII, Col. 831, 832).

d'une grande conséquence, comme on le verra. L'église a toujours été fidèle à la doctrine primitive; mais elle put modifier ses rites.

CHAPITRE III.

La cathédrale de Chartres se maintient toujours sous le même style de construction souvent vicieux. La guerre ou le feu du ciel la dévaste facilement. Elle éprouve divers incendies en 858, 962 et 1020. Quelques rites nouveaux s'établissent de Charlemagne à Fulbert, époque de 768 à 1028, laps de 260 ans.

Le premier incendie mémorable portait avec lui toute 858
sorte de regrets. La ville saccagée et l'église renversée témoignent à jamais du malheur public. Le moine Paul nous a laissé le triste souvenir de cette ville opulente, glorieuse de son enceinte redoutable, épargnée lors de l'invasion des barbares, et de sa savante école réduite à rien (1). Occupait en ce moment le trône, Charles III dit le Simple, incapable de régner; le duc de France, Eudes, gouvernait le royaume. Un chef des Normands saisit le moment où ce dernier était dans le Nord pour s'emparer de cette riche proie et détruire ce qu'il ne pouvait emporter.

Un autre incendie de la ville et de l'église cathédrale, 962
mentionné dans nos annales, eut lieu sous Lothaire, avant-dernier roi de la seconde race, par Richard-sans-Peur, duc de Normandie. Thibaut, comte de Chartres, ayant voulu soulever tous les seigneurs voisins contre le duc de Normandie ne put y réussir, alors le duc ravagea le pays

(1) Souchet, p. 1090, 1091. — Pintard, p. 81. — Bouvet, p. 41. — Histoire générale civile et religieuse, etc., t. 2, p. 338.

chartrain et détruisit Chartres avec son église (1). Le régime féodal était fondé.

987. La deuxième dynastie des rois de France avait cessé d'exister sous les ambitions particulières des seigneurs terriers, et le comte de Paris, qui occupait la capitale de France, fut reconnu roi par les principaux seigneurs devenus ses pairs. C'était Hugues, dit *Capet*, ainsi désigné parce qu'il conserva sur le trône la simplicité d'une coiffure qui couvrait toute la tête. Il paraît que les arrières-vass[illegible] le respectèrent à cause du grand mouvement qui s'était fait en sa faveur.

996 Son fils au contraire était obsédé du récit des crimes de ses petits vassaux qui sortaient de leurs châteaux comme d'un repaire de brigands. Fulbert s'en plaignit à Robert, lui rappelant qu'il avait en vain détruit les châteaux de Gallardon et d'Illiers, et que les mêmes
1020 hommes brûlaient encore les métairies de Ste Marie (2).
Il devait éprouver une bien plus grande peine lorsque
1028 le feu du ciel détruisit son église, la treizième année de son épiscopat. Il prit alors les moyens de la réparer, et lorsqu'il mourut, des fondements solides avaient été jetés; il avait même édifié une église souterraine autour de la grotte primitive. Après lui l'église fut continuée sur les mêmes bases; mais la suite ne correspondit pas au commencement, car elle s'anéantit sans peine sous le feu du ciel, le plomb avec la toiture, et les clochés et les verreries se confondirent dans une ruine commune (3).

L'église commencée par Fulbert avait un portail construit avec une grande simplicité sur un modèle ancien. A ses deux côtés étaient deux tourelles qui contenaient un petit nombre de cloches en usage alors (4). Yves de Chartres, qui fut un des successeurs de Fulbert, évêque

(1) Doyen, t. 1, p. 3. — Recueil des hist. de France sous l'année 962.

(2) Epist. Fulbert. 86 p. 81. verso.

(3) Livre des miracles de Notre-Dame de Chartres. (De l'ursure de l'église de Chartres, c. 3, in-8, p. 19).

(4) Notre-Dame la Grande à Poitiers conserve encore à son portail la forme ancienne des tourelles (Guide du voyageur, in-8, p. 615, 616).

de 1090 à 1115, ayant reçu des cloches d'un plus grand calibre, de Malthilde, reine d'Angleterre, ne sut où les placer dans ses tourelles et les fit suspendre dehors pour s'en servir au besoin (1).

Cette église avait un grand portique couvert comme ceux de beaucoup d'églises du temps. Celui de Cluny, chef-lieu de l'ordre bénédictin réformé, en avait un immense (2). Théodulphe, évêque d'Orléans sous Charlemagne et sous Louis-le-Débonnaire, donne les raisons de la construction de cette partie des vastes édifices au service de l'église. A l'époque de Charlemagne, les fêtes de Pâques, de la Pentecôte et de Noël se célébraient dans les églises cathédrales, les curés venaient avec leurs paroissiens y offrir à Dieu le saint sacrifice et y distribuer la communion. C'etait là aussi où les pénitents étaient réconciliés avec l'église (3).

Les peintures murales à la fresque se conservaient alors à la manière ancienne. Les fenêtres en grand nombre et petites étaient décorées de verres peints, mais sans figures, depuis le neuvième siècle, époque à laquelle cette peinture *venait d'être découverte* (4).

CHAPITRE IV.

L'église de Notre-Dame de Chartres est construite dans le style ogival digne de la majesté du Dieu qu'elle offre à l'adoration des peuples. Elle présente la fidèle expression de la religion, des arts et des mœurs du temps.

Ce monument, qui a survécu à des commotions politi-

(1) Notice historique sur les cloches de la cathédrale de Chartres, in-18, p. 3.
(2) Histoire de Cluny, par M. Lorain, p. 11 et 12.
(3) Capitul Theodulfi inter ejus opera. Le père Sirmon a donné une bonne édition de ses œuvres.
(4) Flodoard, Hist. eccl. remen. — Journal des savants de 1772.

ques et religieuses, semble appelé pour des siècles à une nouvelle durée depuis le sinistre de 1836. Combien d'entre nous l'avaient-ils contemplé, comme l'Arabe étonné contemple les pyramides d'Egypte, avec un coup d'œil d'étonnement et passe outre! Ce n'est plus cela aujourd'hui; nous le contemplons avec une admiration répétée et nous voulons le connaître dans toutes ses parties.

Le style ogival succède, au douzième siècle, au style romain conservé jusqu'alors en Occident. Mais en Orient il avait fini son temps au sixième siècle, lorsque Justinien construisit Ste Sophie de Constantinople, cette église ayant servi de modèle à toutes les églises grecques.

On a prétendu que le style ogival était lourd et grossier, soit dans ses œuvres premières. Mais tel que le douzième siècle l'a créé, il est puissant et hardi. Alors il est donc vraiment créateur; il s'empare de tous les éléments de l'architecture ancienne, et avec son arc aigu substitué au plein ceintre il les modifie, les transforme et en compose le magnifique système que nous admirons (1). Il date des plus beaux jours de la féodalité.

La cathédrale de Chartres est une de ses anciennes productions, style fécond qui a multiplié ses œuvres sur le sol de la France, sur ceux d'Angleterre et d'Allemagne. La cathédrale de Stockholm est construite à l'instar de celle de Paris.

L'ancienne église, qui ne répondait pas au crypte de Fulbert, a été détruite en 1134, sauf ses fondements et l'église souterraine. Les villes du Mans et de Chartres ont été consumées dans la même année par le feu du ciel; l'église du Mans était très-belle (2).

Il y a une autre preuve de l'incendie de l'église de Fulbert en 1134. Elle est tirée de la requête présentée au roi Louis XIV par les chanoines et le chapitre pour

(1) Bourassé, ibid., p. 219, 220.

(2) Cenomamensis et Carnotum comsumpta sunt in hoc anno 1134. Episcopalis basilica cenomamensis erat pulcherrima (Oldric Vital, tom. 5, p. 41). La même date se trouve dans deux annales de la bibliothèque impériale citée par l'éditeur d'Oldric Vital (ibid., t. 5, p. 161). — Le Mans et Chartres y sont également mentionnés.

établir leur exemption de la juridiction de l'évêque, accordée par le Pape du consentement de l'évêque Othon. Cette exemption a été rejetée la même année où elle fut présentée, c'est-à-dire en 1700. L'abus de cette exemption ne fait rien à la question.

L'incendie de 1020 avait consumé tous les titres, ceux de l'évêque comme ceux du chapitre, et à cette occasion, c'est un fait que les chanoines établissent et nul ne leur contestera ce fait bien établi d'ailleurs; ils ajoutent que l'église de Chartres avait été brûlée cinq fois, que deux incendies précédaient celui de 1020, que les cartulaires de l'évêque, du chapitre et de l'abbaye de St Père le témoignent, que le troisième était celui de 1020 (1), et qu'il y en avait eu deux autres en 1130 et 1134.

Voilà un premier fait sur l'incendie qui n'avait pas encore été constaté. Il vient de s'élever un débat sur l'année de la reconstruction en 1194, et l'on cite comme preuve le témoignage de deux historiens de Philippe-Auguste Ricord, son médecin, et Guillaume le Breton, son chapelain. C'est ici qu'il se présente une difficulté à résoudre.

Il a dû y avoir un intervalle entre la destruction et la réédification du monument existant. Admettre, comme rejeter la date de 1194 pour celle du grand œuvre sans discussion n'est pas possible. Il y aurait eu 60 ans d'intervalle. Il faut dire que la construction de l'édifice était avancée en cette année 1194.

Ricord, dans sa latitude ou sa trop grande précision, n'explique rien, si ce n'est le prétendu incendie (2). Quant à Guillaume, c'est autre chose; il faut l'expliquer et l'on arrive à un résultat convenable, et je crois pouvoir l'entreprendre (3). Il existe des vers dans sa Philippide, ou

(1) Incendio tertia facta in anno 1020 inqua non solum combusta est sed destructa (Requête et vol. in-fol. de 82 pages, p. 24 et 27). Cette pièce comme le 5e volume d'Oldric Vital seront déposés à la bibliothèque publique de Chartres.

(2) Eodem anno Ecclesia Beatæ Mariæ Carnotensis conflagravit (Recueil des historiens de France, t. XIII, p. 41).

(3) Eodem anno 1194 in sine sequentis junii ecclesia beatæ Mariæ Carnotensis consumpta est (1134). Sed postea (1194) a fidelibus incomparabili et miro tabulata reparata est (ibid., p. 72).

histoire de Philippe, en style de gazette sur Notre-Dame de Chartres, dont les derniers sont très-historiques (1).

Notre mémorable édifice a été décrit beaucoup mieux que je ne pourrais le faire. Mon coup-d'œil sur son histoire ne doit porter maintenant que sur certaines particularités qui concernent les mœurs et les arts. Je mettrai avant tout en évidence le zèle que tout un peuple déploya pour aider l'architecte Béranger à élever ce monument (2).

1145. C'est un prodige inoui, dit le contemporain Haimont, abbé de St-Pierre-sur-Dive, en Normandie, dans une lettre aux religieux de Tuttebury en Angleterre, de voir des hommes fiers de leurs richesses et de leur naissance, accoutumés à une vie molle et voluptueuse, s'attacher à un char avec des traits et des voitures et traîner des pierres, la chaux, le bois et tous les matériaux nécessaires pour la construction de l'édifice sacré. Quelquefois quatre mille personnes, hommes et femmes, sont attachées à un char, tant la charge est considérable, et cependant il règne un si grand silence que l'on n'entend pas le moindre murmure. Quand on s'arrête dans les chemins, on fait la confession de ses péchés avec des larmes et des prières. Alors les prêtres engagent à étouffer les haines, à remettre les dettes, etc. Les travaux s'exécutent seulement dans la belle saison, et l'on veille en chantant des hymnes et des cantiques (3). On peut regarder cette année comme au moment où les travaux étaient déjà en activité.

Sous la même date, Hugues, archevêque de Rouen,

(1) Ces vers peuventse concilier avec la date retrouvée de l'incendie et la réparation commencée on ne sait en quelle année et continuée en 1194 : *Notre-Dame, disait-il, a bien voulu laisser brûler son église qui languissait dans une situation misérable pour que ce fut la cause d'en rebâtir une autre qui, par son admirable voûte, n'offre rien de comparable dans tout le monde* :

.... Dominæ Domus illa situ lanquebat inerti,
Et causam fabricæ darctilla ruinæ futuræ
Cui toto par nulla hodie splendescitin orbe (ib.).

(2) Béranger est mort très-vieux : (Kalenda novembris 1180 obiit Berengrius ecclesiæ artifex bonus (Souchet sur un ancien nécrologue de 1300. — Histoire générale civile et religieuse de la cité des Carnutes, etc. (Tome 2, p. 347, 348.)

(3) Annales Benedictini, autore Mabillon, tom VI, in-fol., p. 394.

dans une lettre à Thierri, évêque d'Amiens, donne des détails sur ces grandes réunions d'ouvriers bénévoles qui faisaient des vœux de travailler à l'œuvre des cathédrales; ceux-ci probablement encourageaient les habitants du pays (1).

Cet élan inoui jusqu'alors avait été d'une telle influence que l'on jura dans toute la Normandie de les imiter. Comme à Chartres, il n'y avait que des églises d'une faible construction; partout chacun fit vœu d'y remédier et entreprit dans les cinq diocèses de bons et durables édifices (2).

Le sanctuaire avec l'autel dans cette nouvelle église s'est maintenu comme les plus anciens du style romain, ainsi que je l'ai établi dans un article lu par M. Guérard, membre de l'institut, à la société de l'histoire de France en 1837 (3).

Au douzième siècle, lors de la reconstruction de l'église de St Denis, l'abbé Suger avait réuni auprès de lui d'excellents artistes verriers à qui l'on doit, en 1150, les premiers essais de la peinture sur verre avec des figures de personages de l'ancien et du nouveau Testament (4).

De là une émulation générale pour le service de toutes les églises. L'église de Chartres offre une des premières imitations des travaux de l'église de St Denis en ce genre; mais, plus tard, ces belles et vives peintures étaient dues aux souvenirs des voyages de nos peintres en Grèce, vers le temps de la croisade de 1147. Ils ne pouvaient, chez les Grecs, trouver des modèles de peinture sur verre, elle n'y était point mise en pratique, elle y était peut-être même ignorée. C'est sur la peinture à

(1) Ibid.

(2) Hujus sacræ institutionis ritus apud Carnotensem ecclesiam est incohatus ac deinde in nostra virlutibus confirmatus, postremum per totam fere Northmanniam longe lateque invaluit ac loca per singula matri misericordiæ dicata precipue occupavit (ibid).

(3) Vues philosophiques de l'esprit qui a présidé à la reconstruction de la cathédrale de Chartres (Revue universelle du 31 mars 1837. — Discusion juste, franche et modérée, p. 46, 57).

(4) Musée des Petits Augustins, édition de 1803, p. 305.

fresque des églises qu'il reproduisirent les copies fidèles d'ornementation.

La cathédrale de Chartres, dit M. Didron, l'unique en ce genre, est ornée d'une multitude de figures peintes et sculptées. Elles sont disposées par un art remarquable depuis la création du monde en passant par les patriarches, depuis les prophètes, la Ste Vierge et Jésus-Christ, les apôtres, les confesseurs et les saints. Cet ordre est aussi exactement complet à Chartres qu'à Salamine (1).

A Chartres, comme à Salamine, le jugement dernier est à l'entrée comme la Vierge au fond de l'abside. L'ancien Testament se développe à la gauche de l'église et le nouveau sur la droite. Salamine est le modèle parfait exécuté en Orient, il est encore exécuté à Chartres à la rigueur, et ne l'est pas ailleurs en France (2).

D'autres peintures ornent le bas de l'église : ce sont les offrandes des fidèles faites par les habitants de Chartres de toute profession, à leur bonne patronne, et par plusieurs des grands seigneurs voisins. L'indication nous prouve que ces panneaux ont été posés dans le cours du treizième siècle, avant la dédicace (3).

Les décorations du dehors sont d'une profusion extrême, souvent même confuses, et sans rapport entre elles. Les artistes y abusent souvent de la liberté qui leur est donnée, comme le remarque fort bien Durand, de Mende, auteur du Rational des divins offices (4), qui cite à ce sujet les vers de l'art poétique d'Horace (5). Cependant ils n'oublient pas toujours le but du travail commandé.

(1) Salamine est une île du Mont Athos, haute montagne de la Grèce, dans une presqu'île de la Macédoine, au sud du golfe Comtèse, où sont lès ateliers de la peinture pour les églises grecques, ateliers entretenus par des moines.

(2) Manuel d'iconographie de Didron, p. 12, 13.

(3) Guibert, description de la cathédrale de Chartres, p. 64, 65.

(4) Ration. div. off. lib. 1, c. 3.

(5) Art poét., p. 8, 9, 10.

...... Pictoribus at que poetis
Quidquid libet audiendi semper fuit æqua potestas.

Les Grecs ne se sont jamais donné ces licences.

Ainsi à la façade principale du milieu, dite Porte Royale, est Jésus-Christ dans un ovale lumineux, assis sur son trône, tenant de la main gauche le livre des sept sceaux, puis ayant la main droite élevée comme pour donner la bénédiction. La figure du Seigneur, vêtu d'une longue tunique et d'un manteau enrichi de broderie, est environnée des symboles désignés dans la vision d'Ezéchiel, savoir : le lion (St Marc), le bœuf (St Luc), l'aigle (St Jean), et l'ange (St Mathieu), manière de représenter la divinité à nous transmise par les Grecs.

Au deuxième portail sont représentés divers traits de la vie de la Ste Vierge ; au troisième on voit encore représenté Jésus-Christ accompagné de deux anges, et au-dessous les quatre anges de l'apocalypse. Ces quatre anges sont placés aux quatre coins de la terre pour retenir les vents.

Les deux autres façades, l'une méridionale et l'autre septentrionale, offrent encore une figure principale purement religieuse. A cela près partout dans ces travaux des vides à remplir d'une manière arbitraire. Ici ce sont des rois, des reines et des saints. Ailleurs on voit le zodiaque, l'agriculture et les travaux champêtres de chaque saison, des astrolables et des instruments de musique (1) et enfin des grotesques, des centaures demi-hommes et demi-bêtes, plusieurs têtes sur un corps, une queue de serpent donnée à un quadrupède, et un animal à cornes qui se termine en cheval (2).

Il ne faut pas oublier les moralités. A l'extérieur au nord sont les vertus sociales. Parmi ces vertus qui décorent tout un cordon de voussures à la baie de gauche du porche septentrional on distingue la force, la promptitude, la concorde, l'amitié et la liberté ennemie de la licence comme du despotisme ; toutes ont la forme d'une femme et sont couronnées : elles sont jeunes et vêtues d'une longue robe (3).

(1) Description historique de la cathédrale de Chartres, p. 18, 39, 47.

(2) Ibid. p. 24. — On voit dans la lettre de St Bernard à Guillaume des modèles de ces grotesques.

(3) Magasin pittoresque, [illegible] année, mars 1839, p. 66.

On voit à l'extérieur au midi une moralité d'un autre genre sur le trumeau du portail du milieu. On remarque qu'au-dessous du père éternel s'effectue la séparation des élus. L'archange St Michel pèse dans une balance au sens figuré l'âme d'un juste pendant que le démon fait ses efforts pour faire tomber la balance de son côté.

Puis ceux qui sont condamnés aux peines éternelles, ils vont s'engouffrer dans l'énorme gueule d'un dragon où plusieurs démons les font entrer à coups de fourches, tandis que le diable saisit une religieuse et qu'un autre prend une reine par la main et paraît s'entretenir avec elle (1). On voit en tout cela combien on laissait faire à l'imagination du sculpteur.

Notre-Dame de Chartres est encore un des monuments les plus célèbres, et presque unique par la prodigieuse hauteur de ses clochers. Tout grandit avec la hardiesse et l'élévation de ses voûtes. En 1155, le clocher vieux était loin d'être terminé ; car Gosselin, de Lèves, évêque de Chartres en cette année, donne *cent francs*, somme considérable dans le temps, pour l'œuvre de la tour (2).

Dans le plan de l'œuvre il devait y avoir deux tours, et, en 1244, Aubry le Cornu, évêque de Chartres, faisant son testament, donne *cinq sous* de la monnaie chartraine à ceux qui sonneraient les grosses cloches pour les vigiles et la messe de ses funérailles (3). Cette sonnerie correspondait-elle pour l'harmonie à la beauté et à l'élévation de ces clochers?

Rentrons dans l'église et regardons les chapelles, car il y en avait plusieurs au tour du chœur. On se demande naturellement pourquoi cette inovation contraire à l'usage primitif de n'avoir qu'un autel dans une église

(1) Gilbert, ibid. p. 42.

(2) *Ad opus turris centum libras de reliquit* (Mabillon, Vetera Analecta, in-8, t. 2, p. 266.

(3) Pulsoribus campanarum qui grossiora tymbola in utraque turri in vigilia et missa pulsabunt, ibid. p. 577.

La seconde tour, par défaut d'argent, n'était construite qu'en bois; elle a été brûlée par le feu du ciel en 1506 et rétablie sur un plan très-solide dans l'état où elle est aujourd'hui.

pour l'unique service du jour. Chaque chapelle offre en petit la décoration d'une église ancienne, et il y eut de ces chapelles dans les églises épiscopales, monastiques et paroissiales, comme il y en avait aussi dans les campagnes et dans les châteaux. Ces chapelles sont le fruit d'une dévotion particulière, bien constatée, et non combattue par les évêques et les conciles. Elles peuvent avoir été fondées au XIe siècle, je l'ignore; — mais toujours est-il bien certain qu'elles datent au moins du XIIe. Les messes privées en ont été la cause; les papes en avaient autorisé successivement plusieurs par jour. 673-677.
La seconde messe l'avait été par le pape Dieudonné, 795-816.
Léon III et d'autres les ont permises en plus grand nombre. D'où l'usage de Rome devenu bientôt universel, qui permettait à chaque prêtre d'en célébrer deux ou trois, selon les solennités de telle ou telle fête (1). Il n'y a plus qu'à Noël qu'on puisse en dire trois sans permission spéciale.

Il ne reste plus qu'à faire connaître avec quelle pompe les cérémonies du culte s'exécutaient. Dès le XIIe siècle, le chapitre de Chartres avait un corps de musique (2). Cette musique n'était point celle que Jean Sarisbury combattait, celle dont j'ai relevé dans *l'Ane qui vielle* les modulations voluptueuses et dont abusaient les trouvères (3). Elle avait des tons plus étudiés que le plain-chant. La musique avait fait bien des progrès depuis Gui d'Arezzo.

On se servit enfin des orgues. Les orgues coïncident avec une plus majestueuse construction des édifices chrétiens; les anciennes orgues étaient d'une faible dimension, et portatives; leur composition était plus simple et n'allait pas au-delà d'un jeu de flûtes. Quant à celles-ci, elles en offrent plusieurs ainsi qu'une multitude d'instruments, dont l'ensemble est le plus harmonieux et le plus beau.

(1) Thiers, docteur en théologie, Traités des superstitions, t. 3, p. 41. 82, 101.

(2) Doyen, Histoire de la ville de Chartres et du Pays Chartrain, t. 2, p. 287.

(3) Vues philosophiques sur la cathédrale de Chartres, p. 59. — Annales des voyages, t. 71, p. 238.

950. Les orgues dans le service divin commencent en Angleterre l'an 950; un bénédictin de Voltein, province de Wesminster, les avait inventées pour l'église de son couvent (1). Au XIe siècle, en France, les orgues étaient d'usage dans plusieurs églises. Un débat s'éleva sur la convenance. Les églises qui se refusaient à s'en servir prétendaient que ce luxe de musique s'opposait à une dévotion plus expansive. Ce débat fut probablement cause que l'église de Chartres ne suivit pas l'impulsion commune. Ce fut en 1349 que le chapitre décida que l'on construirait un buffet d'orgues et l'exécution eut lieu en 1357 (1). Ce premier essai demandait à être perfectionné.

CHAPITRE V.

Du pèlerinage à Notre-Dame de Chartres. Il n'exista guère avant le milieu du XIIe siècle. — C'est l'un des plus anciens de France après celui au tombeau de St Martin.

On sait que de tout temps, en Europe et en Asie, les flots de la population se sont toujours jetés vers les lieux les plus célèbres d'après les traditions paternelles. Chartres n'eut pas dans les premiers temps de tombeau à révérer. Le premier évêque de Chartres, dont on con-
557. nait bien la sépulture, a été inhumé à St-Martin, au Val : c'est St Lubin. Mais son culte ne s'étendit pas, et son tombeau ne fut pas visité. St Martin est le premier des confesseurs que l'église honora d'un culte public.

Sa célébrité était si grande dans l'église que le pre-
511. mier concile d'Orléans, auquel assista St Aventin, évêque de Chartres, fit connaître dans un de ses décrets, en

(1) Encyclopédie du dix-neuvième siècle, tom. 18, p. 61.
(1) Histoire de Chartres, par M. de Lépinois, t. 1, p. 221.

parlant du tombeau de St-Martin, que les chrétiens qui le visitaient étaient aussi nombreux que ceux qui se rendaient de toute part à ceux du Christ à Jérusalem et de St Pierre à Rome (1).

Il ne paraît pas que les choses aient changé pendant 840-877.
quelques siècles. Charles le Chauve parle en particulier, et c'était avant les croisades, du pèlerinage de St Pierre à Rome (2).

C'est cet empereur qui donna à l'église de *Chartres la chemise de la mère de Dieu* en l'année qui, je crois, précéda sa mort, en 876 (3).

C'est cette sainte relique qui fut la cause première du pèlerinage à Chartres. Elle a inspiré, en 911, tant de courage aux Chartrains qu'ils forcèrent les Normands, 911.
qui se préparaient à envahir la ville, à se retirer, l'évêque portant dans ses mains la sainte chemise(4). On ne douta point depuis que cette victoire ne fût due à la mère de Dieu et une fête fut instituée en mémoire de cette glorieuse défense. Enfin, lors de l'incendie de 1020, cette 1020.
sainte chemise fut portée au milieu du feu dans la grotte et ce prodigieux succès ouvrit la série de tous les miracles de la Dame de Chartres (5). Fulbert et Yves de Chartres n'ont pas parlé de ce pélerinage.

La foi qui s'établit en la puissance de Marie fut la première cause du pélerinage régulier. La beauté de l'édifice admirable, créé par le concert des ouvriers bénévoles et des hommes de l'art, attira aussi nombre de personnes à Chartres, et le commerce encore plus, à raison des matières premières fabriquées, les draps et les œuvres de la tannerie.

La célébration des grandes fêtes à Chartres, pour tout 768-874.
un peuple n'avait pas eu une longue durée, parce que le malheur des temps avait retenu chacun chez soi. Mais

(1) Gallicana peregrinatio ad corpus venerandum beati Martini Turonensis non cedit Jerosolimontanæ et Romanæ (Labbe, Con. t. 5, p. 345).

(2) Capit. carol. calv. in-12, p. 412.

(3 Catalogue des reliques par M. Hérisson.

(4) Agaton. Vet. — Histoire générale civile et religieuse de la Cité des Carnutes, etc., tom. 2, p. 343.

(5) Le livre des miracles de Notre-Dame de Chartres, p. 19.

la dévotion et l'intérêt se marièrent si bien ensemble, qu'on voit, aux fêtes les plus anciennes de la sainte Vierge, qu'il y eut concours religieux et commercial.

Ces foires aux fêtes de Vierges, dans l'usage populaire et religieux, commencèrent, on ne sait en quelle année; et qui furent conservées jusqu'au quatorzième siècle, s'appelaient les foires de la Chandeleur, de la Marchesche, de la Mi-hout et de la Septembrece (1).

Le pélerinage et les foires se maintinrent jusqu'aux guerres du protestantisme. La foire de Notre-Dame de Septembre survécut à toutes les autres et fut plus mercantile que religieuse, et sa durée semble devoir se perpétuer.

CONCLUSION.

Cet opuscule est comme le complément de tous mes travaux sur l'histoire de France et du Pays Chartrain. J'ai payé mon tribut à la patrie; je mourrai content.

La monarchie française a éprouvé bien des commotions depuis que St Remi disait à Clovis en le baptisant : *Fier Sincambre, détruis tout ce que tu as adoré, et adore ce que tu as détruit.*

Le monde a changé vingt fois de face et cinq fois seulement sur son roc inébranlable; le premier temple de la cité des Carnutes et du Pays Chartrain a seulement été détruit par les armes et par le feu du ciel.

La religion de nos pères ne se présente point à nous comme un œuvre politique; c'est l'œuvre d'un dieu immuable sur une terre où il a jeté des regards propices. Rendons nos hommages à sa puissance comme à sa sagesse qui nous a conservé, en 1836, l'un des premiers des temples que le moyen-âge dans son style ogival ait légué à nos pères sur une partie principale du sol français.

(1) Ordonnances des rois de France, t. 5, p. 292.

Appréciation de l'histoire de Chartres de M. de Lépinois, et coup-d'œil sur le régime féodal.

1° J'ouvre l'histoire de Chartres de M. de Lépinois et je lis aux 1re, 2e et 3e pages : *L'histoire de M. Ozeray, riche de quelques documents encore inédits, a cependant le défaut radical de parler très-peu de Chartres*, et puis : *Ces classements ambitieux des faits de la ville avec ceux de l'histoire générale, quelque peu de relations qu'ils aient entre eux, ces excursions dans le domaine des généralités finissent par faire oublier le titre du livre* ; et enfin : *Presque tous nos historiens ont donné séparément l'histoire religieuse, l'histoire monumentale et l'histoire des hommes illustres. Quoi de moins philosophiques que ces divisions* (1).

Les archives du département d'Eure-et-Loir, de la ville et de l'Hôtel-Dieu de Chartres, dépouillées par lui et ses auxiliaires, donnent à l'auteur une satisfaction que ne purent avoir notre ami Hérisson et d'autres, *tant ces archives avaient été inaccessibles à tout le monde* (2), ils en auraient tiré une autre utilité pour la science. M. de Lépinois est si ravi qu'il peut écrire dans le calme de l'âme, c'est avec l'exaltation de l'amour qu'il le fait (3).

Il a trouvé un trésor, c'est avec un plaisir indicible qu'il l'exploite. Son livre m'a paru écrit dans un style néologique et chargé de mots nouveaux et de figures. Je crois préférable le style simple, noble et sublime des Bossuet, des Fénélon, et d'un petit nombre d'hommes

(1) Je me borne à examiner le premier volume d'une impression très-compacte de 568 pages.

(2) M. Hérisson, à ce sujet, témoigna ses regrets en ces termes : *Les titres et les documents existent, mais ils ne sont pas abordables.* Histoire générale civile et religieuse de la Cité des Carnutes et du Pays Chartrain, etc., t. 2, p. 332.

(3) Voir la préface de l'auteur.

célèbres. Mais passons de la superficie au fond; je me borne à examiner ici le premier volume de l'ouvrage.

Il ne s'agit, dans ce volume, que du régime féodal, c'est-à-dire des divers genres d'aristocratie dont il se compose. Il avait réduit à une ombre la monarchie qui n'avait rien de sa grandeur passée au onzième siècle, époque de l'établissement de ce genre de gouvernement.

L'histoire de Chartres est-elle une histoire? Je ne le pense pas. Ce sont simplement des fragments à qui il manque un ensemble et de notables parties; le lecteur ordinaire ne saura à quelle époque ils appartiennent. Point de chronologie qui classe les faits sous des dates précises, l'auteur les unit à des assertions hasardées qu'il présente avec une confiance téméraire. Il me semble qu'il aurait dû remonter aux causes de ce régime féodal, essentiellement conservateur quant à la grande civilisation des Grecs et des Romains, et aux dogmes de la vénérable antiquité du culte chrétien. Il aurait ainsi publié tout ce qui fait sa gloire et osé dire tout ce qui est sujet à blâme: ce qu'il n'a pas fait, faute d'avoir résumé ses pensées pour donner des preuves d'une plus sérieuse étude. Les assertions hasardées dont nous avons parlé ne sont que trop palpables; il trace l'état des personnes avec une grande présomption (1).

Je vais donc juger sa bourgeoisie, sa petite et sa grande noblesse, travail pénible, ingrat et stérile. Chartres et le Pays Chartrain étaient constitués comme les autres villes et territoires.

Le mot de *bourgeoisie* est trop vague, car elle n'était point homogène comme une foule de noms de l'ouvrage de M. de Lépinois semble le prouver (2). Il faudra d'abord renoncer à une vaine et fausse image de la réalité, et commencer par les dernières classes. Du temps de la noblesse gauloise, comme du temps de la noblesse des seigneurs féodaux, les hommes libres étaient une classe intermédiaire entre eux et les esclaves et les serfs.

(1) Il lui aurait fallu lire L'état des personnes de l'abbé de Gourcy, ouvrage couronné par l'académie des inscriptions et belles-lettres, in-12, 1761, p. 293.

(1) Histoire de la ville de Chartres, p. 437.

Les hommes libres habitaient principalement les villes et il y en avait de dispersés dans les campagnes. Ils tenaient un rang distingué dans la bourgeoisie de Chartres. Ce sont eux qui avaient demandé et obtenu des rois l'établissement des communes.

Ives de Chartres appelait les *Communes* des *Pactes de paix*, à raison de leur constitution (1). Les rois et les princes accordaient le droit de commune pour l'avantage du peuple. Il était donné *Intuita Pacis; pro Pace conservanda; ut propria jura possint conservare* (2). Celui de la ville de Chartres, lui fut donné plus tard qu'à bien d'autres. Elle en avait autant et plus besoin que la plupart d'entre elles (3). L'histoire de l'évêque Pierre de Celles témoigne que les routes aux environs de Chartres étaient très-mal entretenues et furent réparées à ses frais (4). D'ailleurs cette ville ne l'acquit qu'à prix d'argent ou par un vil motif.

Les hommes libres étaient donc une classe d'élite dans les villes; c'était d'eux qu'on tirait les échevins du corps municipal à Chartres comme dans d'autres endroits. Au 14e siècle, sous Philippe-le-Bel, en 1303, l'on y choisit des députés des Etats généraux pour représenter la nation avec ses députés du clergé et de la noblesse.

Il y avait, au quatorzième siècle, beaucoup de serfs dans les villes. Pour les esclaves domestiques, l'esprit du christianisme était parvenu à faire disparaître leur existence de l'ordre social.

Le colon cultivateur ou l'ouvrier attaché à la glèbe ou au sol paternel par naissance, obtenait et très-souvent de son seigneur la liberté d'aller travailler dans les villes et autres lieux. Les cartulaires de St Père et autres sont pleins de concessions, à charge d'une redevance personnelle. Ceux qui restaient dans les villages étaient des pères de famille, petits propriétaires, cultivant leurs champs paternels ou ceux des seigneurs et des hommes libres autant que chacun d'eux pouvait cultiver le terrain.

(1) Ivonis Carnotensis Epist. 255.

(2) Voir les ordonnances de nos rois, tom. 11, passim, t. 14, p. 57.

(3) Histoire de Chartres, par M. de Lépinois, p. 161, 162.

(4) Vetera analecta Mabillon, in biographia Petri Cellens. Episc. Carnot. p. 571, 572, 557.

Les grands terriers, les rois invitaient ceux qui avaient des capitaux à venir s'établir dans leurs domaines.

Ainsi Poitiers vit sa population augmenter sous Philippe 1er par des serfs assimilés, sous certains rapports, aux hommes libres. Ils pouvaient bâtir des maisons, les vendre et se retirer ailleurs, ils étaient devenus *hommes du roi*. Les autres rois de France firent comme lui et
1378. notamment Charles V dit le Sage, qui les appela à Amiens, à Abbeville et dans les autres villes de Picardie (1).

La grande masse des colons (des paysans, selon l'expression vulgaire) n'acquit sa liberté qu'à la fin du quinzième siècle. Ainsi cette classe nombreuse d'habitants des divers territoires de France échappe aux recherches de M. de Lépinois, tout en parlant de la noblesse qui l'opprimait souvent.

Sa petite noblesse, qu'il confond avec la beourgeoisie, (2) était bien facile à acquérir, car *la possession d'une terre seule annoblissait* (3). Au milieu des ravages des guerres privées des seigneurs, ceux qui se maintenaient dans cette possession ne parvenaient, d'après les recherches mêmes de M. de Lépinois, qu'à la sixième et à la septième génération (4).

La haute noblesse à mes yeux est celle qui a grandi avec nos rois, leur a servi à détruire l'anarchie féodale, s'est conservée toujours fidèle et s'est perpétuée jusqu'à nos jours. Je connais une de ces noblesses chartraines, c'est celle de la maison d'Angennes, née au hameau d'Angennes, près de Brézolles. Elle a possédé Rambouillet, Maintenon et nombre d'autres seigneuries, bâti le château de la Forte Maison, commune de St Pret, château que nos rois ont visité plusieurs fois pendant leurs

(1) Laurière, Ordonnances de nos rois, t. 6, p. 255.

(2) Histoire de la ville de Chartres, p. 437, 443.

(3) Henry III, en 1579, a tari la plus grande source de l'antique noblesse acquise à la manière du régime féodal, en ordonnant que la terre seigneuriale n'annoblirait plus (Edits concernant la noblesse, in-18, p. 64). C'est Saint Louis qui, le premier, par exception, a accordé les lettres de noblesse.

(4) Histoire de Chartres, ibid. p. 437.

pélerinages à Notre-Dame de Chartres. Ce château n'existe plus depuis plusieurs siècles (1).

M. de Lépinois s'arrête avec complaisance sur le commerce et l'industrie de Chartres au quatorzième siècle. On conçoit bien que la Beauce féconde en grains ait déjà alimenté Paris, et que riche en moutons et en bêtes à cornes, elle eut à Chartres une main-d'œuvre suffisante pour fournir à la ville et au pays la matière d'un certain commerce ainsi qu'aux provinces voisines, des draps et des cuirs pour les premières nécessités du genre et qu'on ait pu réunir dans la ville capitale des ouvriers pour travailler le fer et tous les métaux, au milieu des grands consommateurs : le comte, l'évêque, le chapitre, les congrégations religieuses, les heureux du commerce. Mais peut-on croire que ce commerce ait été si florissant alors? Que l'auteur se rappelle qu'on était au milieu des guerres privées, des abus d'autorité de tout genre, et surtout de la difficulté et du mauvais entretien des routes, comme on le voit dans la vie de Pierre de Celles.

Le commerce de la ville de Chartres, dans son état le plus florissant, fut celui du temps où le régime féodal était
à sa fin, après l'expulsion des Anglais de France. Notre 1473.
ville jouissait en 1473 de la possibilité d'étendre son commerce par toute la Normandie à l'aide de la navigation de l'Eure, et d'y vendre ses draps de serge. Par terre, les routes étaient les plus sûres du pays et au-delà de Paris (2).

Le commerce par eau fut parfois gêné par les seigneurs riverains de l'Eure. La population s'était élevée de 24 à 25 mille âmes. Cet état prospère devait avoir un terme. Avec le temps et par suite d'une maladie épidémique, elle fut réduite à 14 mille. La principale cause de la décadence du commerce chartrain fut l'introduction des
fabriques étrangères en France. Elles atteignaient à 1593.
Sedan et à Reims, à Louviers et à Elbeuf une supériorité inattendue et bien méritée.

(1) Voir Moreri pour la maison d'Angennes, et pour la Forte Maison les 9e et 10e volumes des ordonnances des rois de France.

(2) Recherches sur l'histoire de la ville de Chartres et du Pays Chartrain, un vol. in-folio, p. 425.

M. de Lépinois se promène dans le vague sur un territoire dont il n'a pas voulu fixer les limites, dans la supposition qu'il faut séparer les faits de la ville de ceux des généralités, et il a montré cependant qu'une ville comme Chartres ne peut exister sans territoire ; il s'est placé et il est resté au point où en étaient Doyen, Chevard et Bouvet, sans parler des habitants, des malheureux serfs.

Maintenant je dois fixer l'attention sur mon plan. L'histoire de la Cité des Carnutes et du Pays Chartrain est le sujet de mon travail. A mes yeux, c'était une matière nouvelle à traiter, car le Pays Chartrain a laissé de grands souvenirs dans l'histoire. Le régime féodal s'y développe dans toute sa force. Le mouvement de la ville de Chartres, comme celui de presque toutes les villes, n'est pas à comparer à l'histoire de la province qu'elle représente. Chacun aime le lieu de sa naissance; j'aime la maison de mon père comme le paysan aime sa chaumière. Est-ce une raison de ne pas porter intérêt au pays dont nous tenons tout? Mon sujet en lui-même est donc digne d'attention

M'imposant un devoir, chacun a pu juger si je l'ai bien rempli, je ne prétends pas persuader l'auteur de l'histoire de Chartres. J'ai pris la plume pour remercier le plus grand nombre de mes concitoyens d'avoir applaudi à mon travail; je ne leur adresse donc ici que des remerciements en rappelant le petit nombre de mes critiques à la connaissance générale de leur pays : voilà le Pays Chartrain.

Le Pays Chartrain des Gaulois du temps de César avait une très-grande étendue. Il se prolongeait de la Seine à la Loire sur un espace de cinquante lieues. Ses points de défense extérieure et intérieure, consistant dans sept forts imposants plus par la force que par le génie, étaient *Genabum* et Blois sur la Loire, Poissy sur la Seine, Chartres, Dreux, Châteaudun, Vendôme. Avec ces simples moyens et leur courage, les Gaulois résistèrent dans six guerres générales aux Romains.

Les Carnutes figurent onze fois dans les commentaires de César, et l'insurrection a commencé plusieurs fois à

Chartres. De petites villes se formèrent autour de leurs forts.

Les Gaulois vaincus, leur pays fut réduit en provinces romaines. Les provinces romaines des Gaules étaient au nombre de dix-sept et la cité des Carnutes appartint à la seconde Lyonnaise. Ici la cité des Carnutes perd une partie de son territoire avec *Genabum*.

La 2e Lyonnaise existait en 270. L'empereur Aurélien 270–277.
donna à la ville d'Orléans le nom d'*Aurelia*, qui devint la capitale de cette province, et fortifia Genabum; elle devint à l'instant le centre et l'entrepôt du commerce, comme elle l'est encore aujourd'hui. Elle avait éclipsé Chartres. Les cités de cette province, outre celle d'Orléans qui s'étendait dans la Beauce, étaient Sens, Paris et Chartres.

Le diocèse de Chartres conserva tout le reste de la deuxième Lyonnaise et fut encore, après cette soustraction, le plus grand des diocèses de France. Il dépendait de la métropole de Sens. Dans la seconde Lyonnaise, les évêchés n'avaient point le même rang hiérarchique que les administrations de l'Etat.

Orléans fut la résidence du président de la province à cause de sa situation centrale utile à la correspondance et au commerce. Celle de ses vicaires fut réglée sur l'importance plus ou moins grande de certaines villes. Sens, grande et ancienne ville, obtint le second rang. Paris, au milieu d'une île de la Seine, avait reçu de César la désignation d'un poste à fortifier, et Chartres comme un lieu à observer les Druides.

Au contraire, l'ordre religieux se régla sur le nombre des Chrétiens; sur une ligne donnée on fixa les siéges épiscopaux. Sens, la plus populeuse de ces villes, fut le chef-lieu d'une chrétienté, au milieu des polythéistes gaulois et romains, remplie des prêtres les plus zélés pour prêcher l'évangile, et obtint le siége de l'archevêché, et les églises de Paris, de Chartres et d'Orléans, prirent ensuite rang à raison du nombre des Chrétiens dévoués dans la hiérarchie épiscopale.

Le diocèse de Chartres avait six archidiaconés : 1° le grand archidiaconé qui fut réuni à une partie du Perche, petite provice sans évêché; 2° l'archidiaconé de Dreux; 3° l'archidiaconé de Châteaudun; 4° le Pincerais ou de Poissy, ancien comté de Charlemagne, prévôté de la vicomté de Paris depuis Hugues Capet (1); 5° l'archidiaconé de Vendôme; 6° l'archidiaconé de Blois.

En 1697, deux cents paroisses de ces deux archidiaconés ont été réunies à l'évêché de Blois. Les titres restèrent pour les dignitaires de la cathédrale à Chartres.

2° J'ai à répondre aux *classements ambitieux et aux excursions dans le domaine des généralités*. Ils étaient nécessaires pour combler les vides que les morceaux détachés de l'histoire de Chartres de M. de Lépinois laissent dans celle du régime féodal par rapport à l'histoire chartraine.

Le gouvernement des Romains, ainsi que celui des rois de la race mérovingienne et de la race carlovingienne, avaient contribué comme cause à l'établissement du régime féodal.

L'administration romaine des empereurs avait réuni tous les pouvoirs sur la tête du duc militaire, en même temps juge et administrateur. Les Francs, après la conquête, changèrent l'ordre des provinces dans leurs diverses monarchies, mais laissèrent le duc armé de toute la puissance publique secondaire du chef militaire. Cet ordre existait sous Charles-le-Chauve (2). Voilà sa seconde cause.

Charlemagne, valeureux guerrier, devenu empereur romain, était plein de zèle pour la religion, rouvrit les écoles et prépara la ruine de sa famille par une institution peu convenable. Le premier il créa l'indépendance absolue des évêques en exemptant le clergé de la juridiction séculière (3). De son côté, Charles-le-Chauve,

(1) Poissy, sur la Seine, était la capitale du *Pincerais*, petite principauté du domaine royal des premiers Capétiens qui n'est plus connue que dans le *Pouillé* du diocèse de Chartres, comme un de ses anciens archidiaconés.

(2) De l'origine du gouvernement français, par M. Garnier, vol. in-18, p. 65.

(3) Nullus ex ordine clericorum, inconsulto episcopo, ad judicium secularem pergat, quemquam pulsare aut ante eum respondere aut

aussi empereur, son petit-fils, accorda l'hérédité aux ducs et aux comtes, ses mandataires insoumis (1). Voilà le noyau des deux aristocraties qui se sont partagé les droits régaliens. Les textes des capitulaires sont positifs à ce sujet. Troisième cause.

Avec ces concessions qui ne germèrent que trop, survinrent d'autres causes de la toute-puissance du clergé et de la noblesse. Ce sont les invasions continuelles des Normands, l'indépendance des mandataires du prince, la barbarie des mœurs qui portait toute la nation à sortir des voies de l'ordre, et la faiblesse de Charles-le-Simple qui accorda la Normandie à Rollon, chef des Normands. Ainsi, avec des rois sans pouvoirs, les deux aristocraties à divers degrés se partagèrent l'autorité de cette manière.

Il y avait des seigneurs forts et d'autres qui étaient faibles. Les premiers accordèrent protection aux seconds; les conventions ne furent pas toujours observées. Des guerres privées surgirent du roi même au centenier. Les guerres du seigneur du Puiset contre Louis-le-Gros eurent la plus grande célébrité du genre.

Les ducs, les comtes et les centeniers, mandataires subalternes, s'étaient mis en possession sans peine des droits régaliens, mais chacun dans leur sphère directe. Le pouvoir législatif resta dans les mains des ducs et des comtes sur toutes les classes de la société, et leur donna les moyens de substituer les coutumes au Code Théodo-

eniquàm proponere præsumat, atque criminale negotium in judicio seculari proponere audeat. (Capitularia imper. Francorum Caroli magni. — Lib. 6, c. 155, in-12, p, 158.

(1) Si comes obierit cujus filius nobiscum sit, filius noster cum cœteris fidelibus nostris ordinet. De his qui ei comiti plus familiares propinquiaverunt, et cum episcopo in ejus parochia ipsius comitatus, qui, cum ministerialibus comitatus, provideant donec nobis renonciatur; ut filium illius qui nobiscum erit de honoribus illius honoremus. Si autem filium parvulum habuerit, isdem cum ministerialibus ipsius comitatus eumdem comitatum prœvideat donec obitus prœfati comitatus ad nostram notitiam parveniat. Si autem non filium habuerit, filium noster cum cœteris Fidelibus nostris ordinet qui cum ministerialibus ipsius comitatis et episcopo ipsum comitatum prœvident donec jussio nostra inde fiat. (Capitulari caroli. Calv. apud cerisium, anno 877.)

sien et aux lois des Saliens et des Ripuaires, quand ils ne réduisaient pas le Code Théodosien en coutumes; ils restèrent aussi en possession de la haute justice, celle du sang répandu. La petite justice, police et procédure, resta aux centeniers. Le tribut, le cens et les péages appartinrent à tous, à chacun sur son territoire.

Le régime féodal trouva l'aristocratie du haut clergé à moitié constituée. Il était déjà exempt de la justice séculière par la loi de Charlemagne, tous les clercs placés ainsi sous la juridiction de leurs évêques. Il leur donna seulement le droit de s'affranchir de tout impôt étranger à ses domaines et de les y percevoir sur le peuple. D'ailleurs il partagea souvent avec le comte la partie la plus forte de certains pouvoirs publics comme à Chartres.

Cette position souveraine du clergé rendit possible aux tribunaux d'officialité d'attirer à leur barre le jugement de toutes les causes civiles, et cela à l'aide de l'excommunication avec une extension qu'elle n'avait jamais eue du huitième au dixième siècle. Voilà le régime féodal en grand. L'application doit en être faite au comté de Chartres.

Il y avait à Chartres trois justices, celles du comte, de l'évêque et du chapitre, et des prisons pour les justiciables de ces seigneurs différents. Elles suivaient toutes la jurisprudence barbare d'Outre-Rhin ou des Francs. Point de cour d'appel. Pour y suppléer, le duel judiciaire, ou en termes du temps, le *Jugement de Dieu*, qui se prononçait par la force ou par l'adresse en champ-clos, et les bâtons égaux. M. de Lépinois parle du duel judiciaire, sans l'expliquer, ni le réprouver, quoique ce duel rejette la preuve par témoins et par écrit consacrée par la législation romaine et la droite raison.

Dans cette abnégation de tout droit, dans le silence de la justice, St Louis ne devait-il pas s'établir comme législateur pour rendre à la magistrature un rang éminent dans la société? Il reçoit les appels des justiciables
1260. de tous les seigneurs. Les seigneurs féodaux n'osent s'y opposer, se contentant de les condamner à l'amende, pourvu qu'ils ne disent pas « *qu'ils ont méchamment*

jugé (1) et bientôt les justices royales de Poissy, de Dourdan et de Janville ne peuvent plus suffire. Le parlement, seule cour d'appel, va être établi. Ai-je eu tort de mentionner *cette prétendue incursion* sur le domaine des généralités?

En voici une autre qui fait beaucoup d'honneur à la sagesse de St-Louis. Elle est féconde en résultats d'une grande moralité. Elle supprima les guerres privées sous les peines les plus rigoureuses. Le grand homme les regardait comme des guet-apens. Il ordonna en conséqence que celui qui aurait des injures à venger n'attaquerait son adversaire qu'au bout de quarante jours et après la déclaration de guerre. La peine à subir, en contrevenant à cette loi, était d'être pendu comme assassin (2); le décret calma bien des ressentiments. Ses successeurs n'en ont pas toujours senti l'importance en permettant les guerres privées. C'est au sage Charles V qu'on en doit la suppression totale. 1262.

Des deux aristocraties, après ce triomphe de l'autorité royale, la plus difficile à vaincre était celle du clergé. L'aristocratie nobiliaire, replacée par nos rois dans un rang secondaire, les servit avec fidélité quand une partie d'elles ne se laissa pas entraîner par la rivalité anglaise. 1329.

La monarchie, quant à l'autre aristocratie, arriva enfin à ce point lorsqu'elle voulut rentrer dans tous ses droits. En conséquence, sous Philippe de Valois, il y eut, en présence du roi, une conférence entre les officiers du roi et les évêques sur la juridiction royale et la juridiction ecclésiastique. Ces derniers, on ne peut trop le répéter, avait mis, je crois, de bonne foi à profit les concessions des rois, tant les esprits sont faciles à séduire dans les circonstances difficiles et désastreuses. Ils déclarèrent que l'église était plus noble que la puissance royale, qu'elle pouvait prendre connaissance des affaires civiles, que cette connaissance leur appartenait 1329.

(1) Ordonnances, ibid. t. 1, p. 44, 56, 81.

(2) Ordonnances, ibid, p. 101, 195.

1329. même de *droit divin et de droit humain, et pour la coutume et par le privilége* (1).

Dans une seconde conférence, il ne fut pas possible de s'entendre. Un combat sérieux s'engagea alors entre les officiers du roi, qui étaient convaincus que *la puissance monarchique était souveraine par-dessus tout*, sauf les droits incontestables et spirituels de l'église. Les officiaux durent succomber dans leur concurrence civile avec la magistrature.

Je pourrais pousser plus loin mes réclamations contre l'historien de Chartres qui aime trop le beau côté du régime féodal. Vers cette époque de 1329, c'est-à-dire
1306. au commencement du XIVe siècle, il raconte un démêlé
1312. terminé par un arrangement entre le comte et le chapitre par rapport à leurs serfs (2); puis la reconnaissance de la part du comte des droits de juridiction civile et spirituelle de l'évêque sur toute la banlieue de Chartres (3). Il finit ainsi son ouvrage. C'eût été pour lui un classement ambitieux que de faire mention des conférences de 1329.

5° Enfin, dans la circonstance du temps présent, où l'on aime à étudier l'histoire sous tous les rapports, comment ne pas croire que M. de Lépinois *profane le nom de philosophie* au point de dire qu'il n'est pas philosophique d'écrire séparément l'histoire religieuse, l'histoire monumentale et l'histoire des hommes illustres. Il me suffit d'avoir exposé cette assertion. La signaler, c'est la réfuter.

Il affirme qu'il n'a pas voulu écrire l'histoire ecclésiastique. Il n'en a que trop parlé. Pour moi j'écris pour *la religion et pour la monarchie*, soit dans l'ouvrage imprimé sur la cité des Carnutes et du Pays Chartrain, soit dans un autre qui restera manuscrit, et où je combats d'avance sa thèse favorite (4).

(1) Voir principalement ce débat dans l'histoire de l'église de Bérault-Bercastel, tom. 13, p. 362-367.

(2) Histoire de Chartres, t. 1, p. 520.

(3) Ibid, p. 538.

(4) Voici le titre de cet ouvrage : *Coup-d'œil sur la religion en France pendant le régime féodal dans toute sa force, et enfin détruit*

Voici mon dernier mot sur le régime féodal. Il a entretenu l'amour de la religion, des lettres et des arts. Les deux grandes aristocraties, qui ont longtemps dominé la situation, ne pouvaient régner toujours. Les grands vassaux pairs de France devaient provoquer sa ruine et faciliter à la monarchie les moyens de se relever.

Un duc de Bourgogne, seigneur français, et à ce titre souverain des dix-sept provinces des Pays-Bas, et un duc de la Guienne, roi d'Angleterre, avaient mis leur poids dans la balance politique, et firent perdre à l'état son équilibre. Une lutte de cent ans s'engagea entre les deux monarques. Heureux le jour où toute la France n'eut plus qu'un cœur et qu'une âme pour reconnaître Charles VII de mémorable mémoire, Charles VII le descendant de Hugues Capet, de Philippe-Auguste, de St-Louis et de Charles V dit le Sage. Leur postérité régna bien des siècles avec gloire sur la France.

par l'esprit monarchique. Cet ouvrage est enrichi d'une foule de documents inédits, extraits d'ouvrages originaux peu connus. C'est un in-folio de deux cents pages. Il doit être déposé dans les bibliothèques du département d'Eure-et-Loir, dans la bibliothèque communale de Bouillon et aussi dans la bibliothèque de ma famille. Le prospectus est déjà à Chartres et à Châteaudun, dans les mains des conservateurs.

www.ingramcontent.com/pod-product-compliance
Ingram Content Group UK Ltd.
Pitfield, Milton Keynes, MK11 3LW, UK
UKHW012117240726
13965UKWH00005B/1808